一人ひとり、みんなちがう！

男子のからだとこころ相談室

2 自分の「こころ」と相手の「こころ」

監修
アクロストン
acrosstone

汐文社

はじめに

体や心がどんどん成長する時期を「思春期」といいます。

「体が大きくなった!」とウキウキする人がいれば、「なんか大人っぽくなってきちゃった」とドキドキする人、「ほかの人とちがう気がする。これってだいじょうぶかな」と不安でズーンとする人もいます。

私たちも小学校高学年から中学生のころ、そのような思春期を体験していました。

思春期の体にどんなことが起こるのか、困ったときにはどうしたらいいのか、だれに、どうやって相談したらいいのかを知っておくことは、きっとみなさんの助けになると思います。

この本では、「恋愛のこと」「性別のこと」「女子(生まれたときに『女』と判定された人)の体のこと」がのっていて、盛りだくさんの内容になっています。

まずは、自分の興味のありそうなところを読んでみてください。例えば「『好きな子いる?』と聞かれたらどうする?」(10ページ)のような、聞かれて困る人が多い質問がのっていたり、「好きになる性や性別のいろいろ」(16ページ)のように、大人でもよくわかっていない人が多い性別についてのことがくわしく書いてあったりします。

また、生理についてもくわしくのせているので(22〜25ページ)、自分の体に生理が来ない人でも、ぜひ読んでみてください。

男子(生まれたときに「男」と判定された人)のことを中心に書いていますが、どのような性別・年齢の人にもかかわることをたくさんのせています。

アクロストン

もくじ

＊この本の「男」「女」「男性」「女性」というのは、生まれたときに判定された性別のことです。

"好き"になるって どういうこと？

脳のはたらきと心の変化

「思春期」と呼ばれる10〜18歳ごろは、体とともに心も大きく変化します。それは、脳の発達と関連していて、心も大人になっていくからです。

脳のはたらき

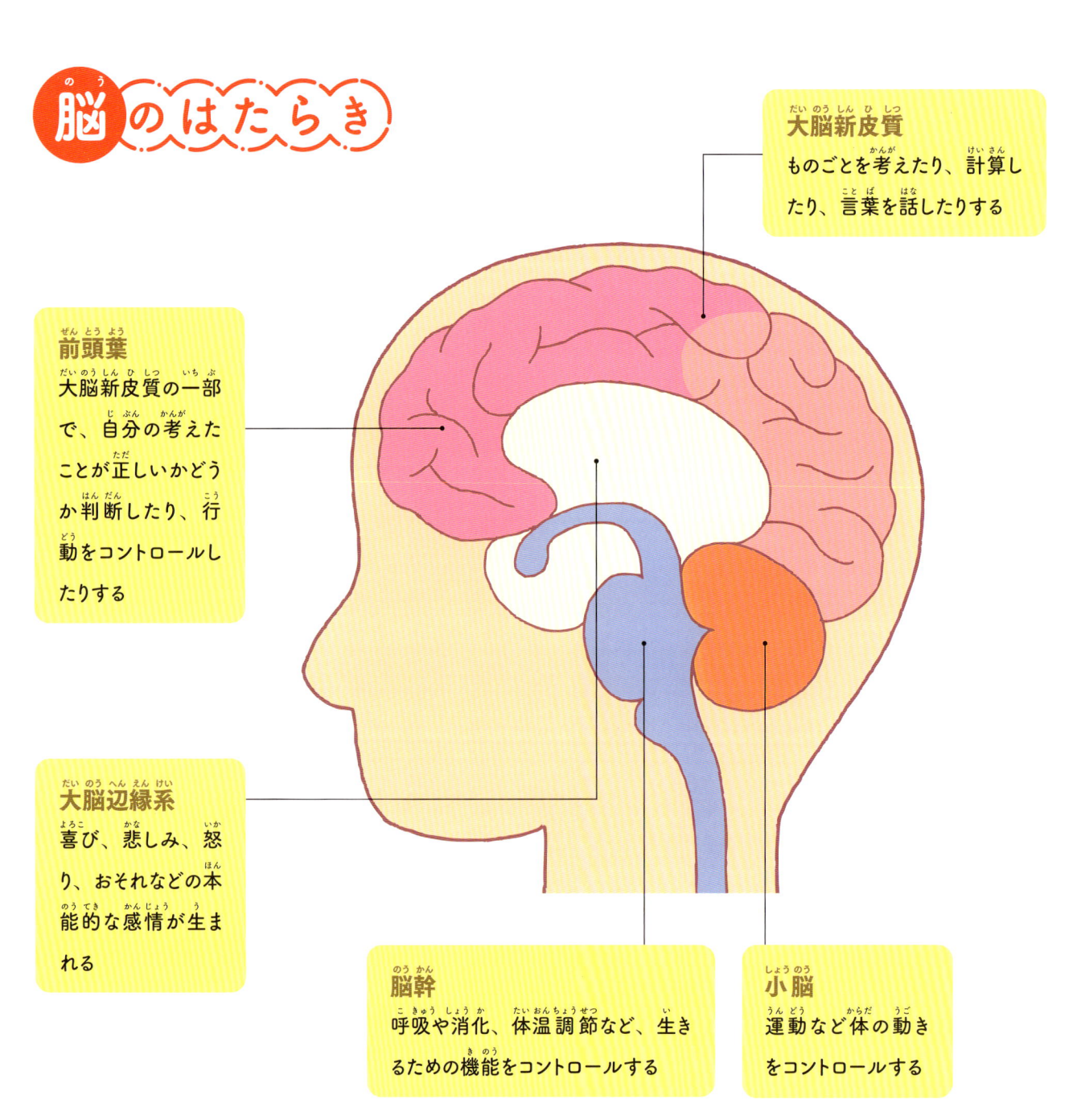

大脳新皮質
ものごとを考えたり、計算したり、言葉を話したりする

前頭葉
大脳新皮質の一部で、自分の考えたことが正しいかどうか判断したり、行動をコントロールしたりする

大脳辺縁系
喜び、悲しみ、怒り、おそれなどの本能的な感情が生まれる

脳幹
呼吸や消化、体温調節など、生きるための機能をコントロールする

小脳
運動など体の動きをコントロールする

「自分らしさ」ってなんだろう？

　脳が発達するにしたがって、他人に言われるままではなく、自分で考えて行動するようになります。自分を一人の人間として意識する「自分らしさ」ができあがるまでは、自分に対する評価がゆれ動きます。自分のダメなところを見つけて落ちこんだり、人からどのように見られているのか気になったり。いろいろなことを考えながら、「自分らしさ」はできあがっていきます。

★脳の発達と心の変化

　思春期の脳は、大人の脳になる成長の途中段階にあります。脳のほかの部分と比べて「前頭葉」の発達はゆっくりです。そのため、大人の脳になるまでには、不安や怒りをじょうずにコントロールできないことがあります。とくに思春期は、いろいろな感情を同時に感じるなど、安定しない心の状態になるのが特ちょうです。ここで取り上げた思春期の感情は一例です。また、逆の感情が同時にわくのもよく見られます。思春期ではなくても感じることがあったり、大きな心の変化が起こらなかったりする人もいます。

思春期によく見られる感情

イライラする

不安になる

人とかかわりたい
↕
人とかかわりたくない

性的なものに興味がわく
↕
性的なものを受け入れられない

「好き」と感じる心

　だれにでも、「好き」と感じる心があります。「好き」の対象は人、動物、食べもの、音楽などさまざまで、「好き」の感じ方にもいろいろな種類があります。

★いろいろな「好き」がある

あこがれる

いっしょにいると楽しい

なんだか気になる

みんなで盛りあがりたい

人といるよりも好きなことがある

「恋」ってどんな気持ち？

特定の人に、ドキドキするような「好き」を感じることがあります。家族や友だちを「好き」と感じる気持ちとはどこかちがっていて、その人のことをずっと考えていたくなるような気持ちが、「恋」です。これを恋愛感情といいます。

★好きな人とよい関係をつくるには

好きな人には、自分のことも好きになってほしいですね。そのためには、まず相手の気持ちになって考えることが大事です。相手がいやがることをしてしまうと、よい関係はつくれません。相手がどのように接してほしいのかを、考えてみることです。

おたがいを尊重する関係

好きな遊びや本、スポーツなど、自分の好きなことやものが相手とちがっていることもあります。その場合は、相手が好きなことをいっしょにやってみるとよいかもしれません。「あなたといっしょにいると楽しい」と相手に感じてもらえるとよいでしょう。

いやなときはいやと言える関係

相手の好きなことでも、あなたがしたくないことをむりにする必要はありません。「きらわれるかな」「怒られるかな」などという心配をせずに、いやなときは「いやだ」と安心して伝えられるのがよい関係です。相手も安心して「いやだ」が言えているかどうかも考えてみましょう。

境界線を守れる関係

どんなに仲がよくても、ひとりでいたいときや、いっしょにいたいときが、同じタイミングにならないこともあります。また、相手が望んでいても自分のすべてを話す必要はありません。自分と相手の間に境界線があることをわすれないことが大切です。

いっしょに考えよう！ 「好きな子いる？」と聞かれたらどうする？

❶
ぼく、○○ちゃんが好きなんだ

ぼくは□□くんがいいな

へー！

❷
きみは、好きな子いないの？教えてよー！

えっ！

あなたなら、どのように答える？

ADVICE

どうしてそのような質問をする人がいるのか

　思春期になると「好きな人」がいる人が増えます。「好きな人」というのは、家族や友だちを「好き」と感じるのとはちがい、相手のことを考えてドキドキしたり、相手が自分のことをどう思っているのか不安に感じたりする相手のことです。

　「好きな子いる?」と友だちに聞かれたら、その友だちは、自分が「好きな人」に感じる気持ちをあなたに聞いてほしかったり、あなたにも自分と同じような気持ちがあるのか知りたかったりするのかもしれません。

みんなが同じ気持ちとはかぎらない

　異性(自分とはちがう性)を好きになる人が多いけれど、同性(自分と同じ性)を好きになる人もいます。なかには「好きな人」がいない人や、ずっと恋愛感情をもたない人もいます。このような感情は、自分でコントロールすることはできませんし、どの感情もおかしくはありません。いろいろな人がいます。

話すか話さないかは自由

　自分の「好きな人」の話を友だちに聞いてほしいと思ったら、話してみましょう。「好き」という気持ちに共感したり、相談しあったりできることがあります。ただし、友だちに話したことで、そのことがほかの友だちに伝わってしまうこともあります。友だちから相談されたときは、その内容をほかの人に話すことはやめておきましょう。

　また、「好きな人」がいても、友だちに話したくない人もいます。話したくなければ話す必要はありません。あなたの答えやすい方法で返事をしてみましょう。「好きな人」がいても「いないよ」と答えるのも、ひとつの方法です。

いっしょに考えよう！

「つきあう」ってどういうこと？

あなたはどのように答える？

相手を特別に感じているかどうか

　ここでの「つきあう」とは、「買い物に行くのにつきあう」とか、「スポーツをするのにつきあう」という意味ではありません。友だちではなく、「恋人」になるという意味です。だれかに「つきあってほしい」と言われたら、まず、その人と「恋人」になってもよいかどうかをよく考えてみましょう。相手ともっと特別な仲になりたいなと感じるようなら、受け入れてもよいですね。

　相手のことがきらいではないけれど、特別な相手だとは思えず、友だちのままでいたいと思ったら断ってもよいのです。「相手に悪いな」と思って受け入れてしまうと、後から困ってしまいます。

　受け入れるときも、断るときも、言葉で伝えるようにしてください。言葉で伝えるのは勇気が必要かもしれませんが、態度だけでは伝わらないことがあるからです。

相手をよく知ることが大事

　つきあい始めたら、デートに誘ったり誘われたりして、いっしょにいる時間が増えるでしょう。楽しい時間をすごすうちに仲よくなっていくのは、とてもすてきなことです。

　ただし、相手のことをあまりよく知らないうちは、ふたりきりになるような場所ではなく、人が多いところで会ったり、ほかの友だちもいっしょに会ったりしてみましょう。まず、相手がどのような人なのかを、よく知ることが大事です。

いっしょに考えよう！ つきあっていたら、なにをしてもいい？

このあと、あなたならどうする？

つきあっていても考えはちがう

　好きな人といっしょにいると、相手にふれたくなることがあります。たとえば、手をつなぎたい、体をくっつけ合いたい、キスをしたいなどです。けれど、相手も同じように思っているとは限りません。「つきあっているのだから、相手も同じように思っているだろう」と勝手に判断して行動してしまうと、相手を傷つけてしまうことがあります。

　もし「したい」気持ちが起こったら、必ず「〇〇してもいい?」とたずねて、相手がOKしたときだけにしてください。マンガやドラマなどでは、相手に確認しないで手をつないだりキスをしたりする場面があるので、それがふつうだと思っている人もいるかもしれません。でも、それはちがうのです。

好きな人を尊重するとは？

　もし「いやだ」と言われたとしても、それはそのこと（体をくっつける、キスをするなど）をしたくない、というだけで、あなたのことを「きらい」かどうかとは別の話です。好きでも、したくないことはあります。したくないことをむりにしようとすることで、相手を傷つけ、結果としてきらわれてしまうこともあります。好きな人の気持ちを受け入れて、相手のいやがることはしないことが、好きな人を尊重することになります。

好きになる性や性別のいろいろ

性には「生まれたときにどの性別に判定されたか」以外にも、「どんな性別を好きになるか」「自分の性別をどのように感じているか」「自分の性をどう表現するか」など、いろいろな意味合いがあります。

★SOGIE（ソジー）とは

「どんな性別を好きになるか（セクシュアルオリエンテーション・SO）」「自分の性別をどのように感じているか（ジェンダーアイデンティティ・GI）」「自分の性をどう表現するか（ジェンダーエクスプレッション・E）」の英語の頭文字をつなげてSOGIEという言葉がつくられました。

SO
セクシュアルオリエンテーション
どんな性別を好きになるか
自分の性別と、恋愛感情の「好き」という気持ちをもつ相手の性別が、ちがうことも同じこともあります。

GI
ジェンダーアイデンティティ
自分の性別をどのように感じているか
自分で感じる自分の性別は、生まれたときに判定された性別と同じこともちがうことも、どちらでもないこともあります。

E
ジェンダーエクスプレッション
自分の性をどう表現するか
髪形、衣服、話し方、行動などは、生まれたときに判定された性別や、自分で感じる性別に関係なく、自由に表現するものです。

いろいろな人がいるんだね

LGBTQ＋とは
（エル ジー ビー ティー キュー プラス）

LGBTQ＋は、セクシュアルマイノリティ（性的少数派）の人をあらわす言葉です。性の特ちょうはいろいろですが、その特ちょうをもつ人が少ない場合、そのグループをセクシュアルマイノリティといいます。LGBTQ＋それぞれの文字には、次の意味があります。

L レズビアン
自分の性別を女性と感じていて、恋愛対象が女性の人。

G ゲイ
自分の性別を男性と感じていて、恋愛対象が男性の人。

B バイセクシュアル
自分の性別に関係なく、恋愛対象が女性と男性の両方の人。

T トランスジェンダー
生まれたときに判定された性別と自分で感じている性別がちがう人。

Q クエスチョニング／クィア
クエスチョニング：自分の性別がなにかを迷っている人や、決めていない人、どの性別の人が恋愛対象なのか決まっていない人など、性について決めていなかったり、疑問をもったりしている人。

クィア：セクシュアルマイノリティ全般をふくむ言葉で、自分で自分のことを「クィア」と言いたいときに使う。

＋ プラス
LGBTQ（エルジービーティーキュー）のどれかではあらわせない性の人。女性と男性のどちらにもあてはめてほしくないと思っている人や、だれにも恋愛感情をもたない人など。性をあらわす言葉はどんどん増えているので、新しく生まれた言葉もふくむ。

※ 上記以外にも、好きになる性別や自分で感じる性別をあらわす言葉はいろいろあります。

虹色の旗を見たことはありますか？　レインボーフラッグといって、LGBTQ＋のシンボルとして、セクシュアルマイノリティの連帯をあらわしたり、それを支えたりするときなどに使われています。

生理ってなんだろう？
体のしくみを知ろう！

女性の体の発達

　思春期になると、脳から分泌されるホルモンの影響で体がどんどん変化し、大人の体に近づいていきます。ここでは、女性の体の変化についても知っておきましょう。

★ 体の変化 （生まれたときに「女」と判定された人の体）

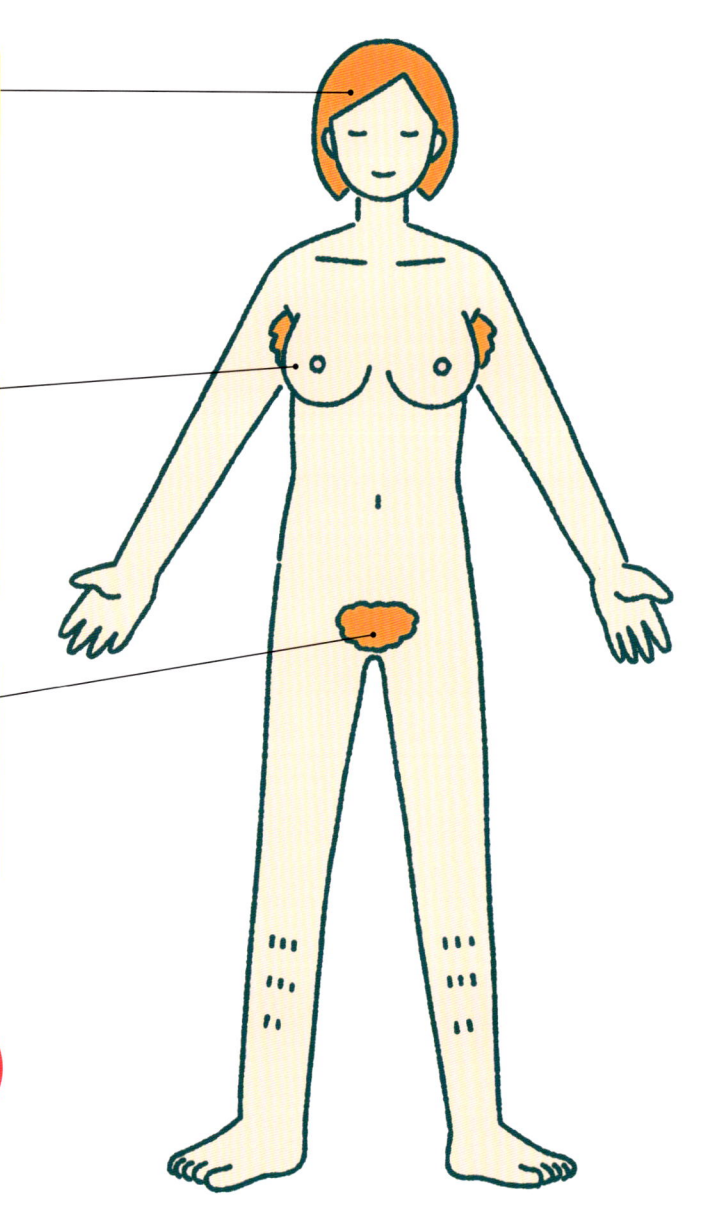

脳

脳はホルモンを使って、体のあちこちに指令を出します。脳から分泌されたホルモンは、血液といっしょに全身へと運ばれます。ホルモンは体を変化させるだけでなく、心にも影響をおよぼします。

体つき

ホルモンのはたらきで、わき毛や陰毛が生えたり、乳房がふくらんできたり、体つきが丸みを帯びてきたりします。

性器

ホルモンのはたらきで、性器が発達します。女性の体の中には、子宮という臓器があります。子宮は、赤ちゃんが産まれるまでの間に育つところです。

女性の多くはこのように体が変化しますが、一人ひとりちがい、このような変化をしない人もいます。

★胸のふくらみ

　脳から伝わるホルモンの指令で乳腺が大きくなり、胸がふくらみます。片方だけが先にふくらみ、左右の大きさが不ぞろいになることもありますが、そのうちだいたい同じになります。

　胸がふくらみ始める時期は、早い人で7歳半ごろですが、胸の大きさは人によってちがいます。ふくらみがあまり目立たない人もいます。胸全体だけでなく、乳首や乳輪も大きくなり、色が濃くなる人もいます。

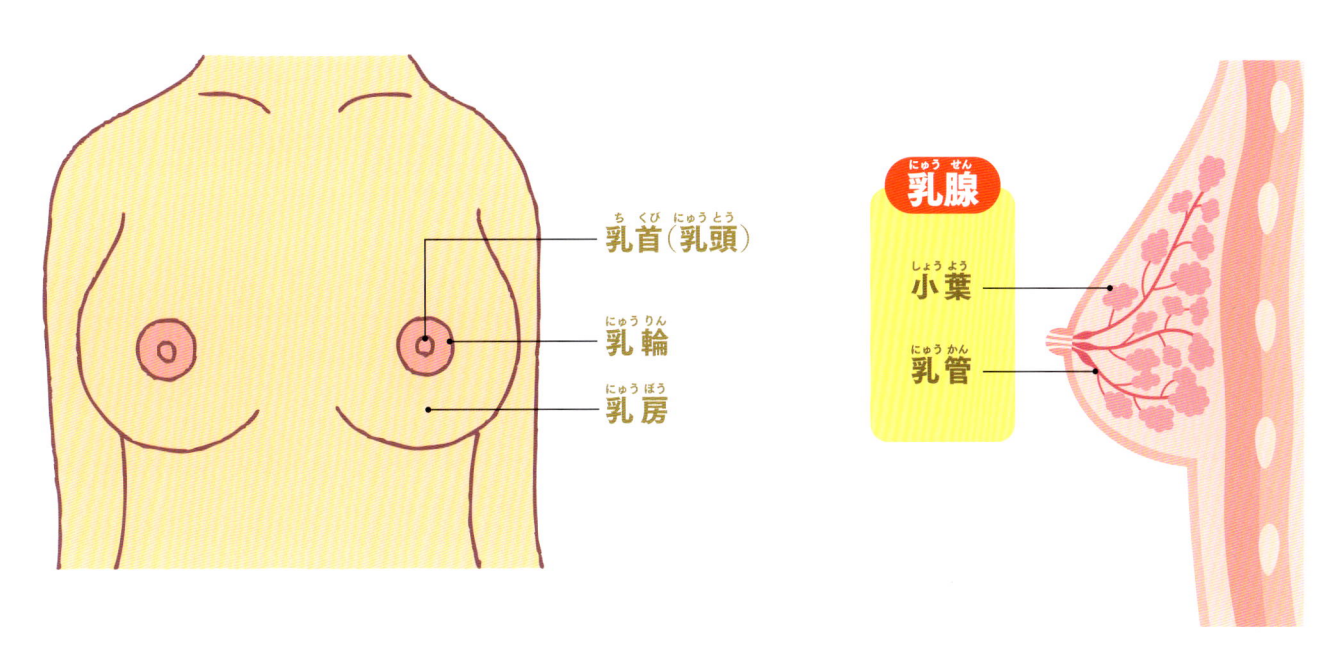

乳首（乳頭）
乳輪
乳房

乳腺
小葉
乳管

母乳は乳腺でつくられる

　母乳は、お母さんの血液からできています。妊娠中にホルモンのはたらきで乳腺が発達し、出産後に赤ちゃんにおっぱいを吸われると「母乳を出して！」というサインが脳に伝わり、母乳がつくられます。母乳の出る量と胸の大きさは、まったく関係がありません。母乳が出ないこともあります。その場合は粉ミルクや液体ミルクでも問題なく育ちます。

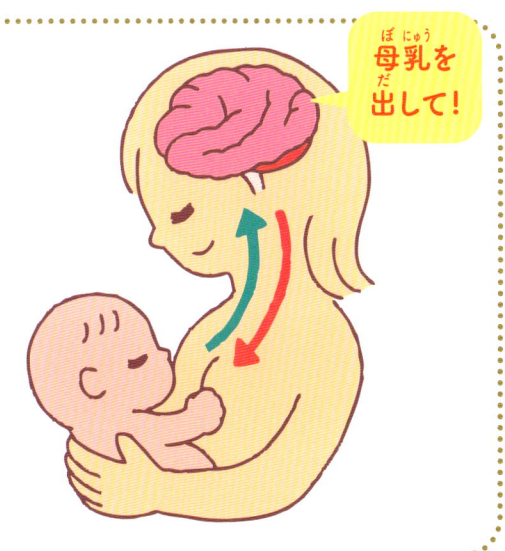

母乳を出して！

生理とはなにか

　思春期になると、子宮や卵巣がある人はホルモンのはたらきで生理が始まります。生理は「月経」と呼ばれることもあります。初めての生理を「初潮」と呼び、10〜15歳で起こる人が多いです。だいたい月に1回のサイクルで生理が起こり、1回の生理は3〜7日続きます。

　生理のサイクルは、大人になると1か月（25〜38日）くらいの人が多いのですが、思春期のころはまだサイクルが安定せず、もっと短かったり長かったりといろいろです。

★生理のサイクル

❶ 子宮内膜が厚くなる

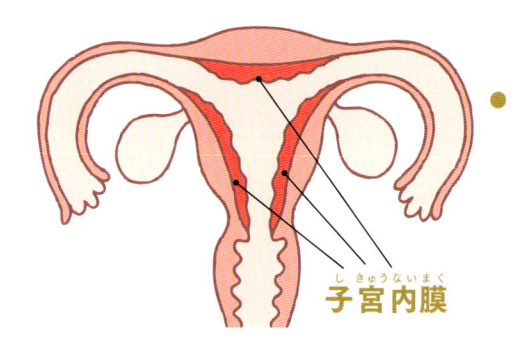

子宮内膜

❷ 卵子が飛び出す（排卵）

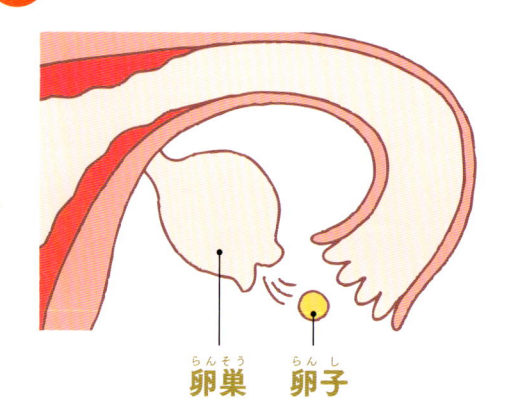

卵巣　卵子

1周するのに1か月

生理は血が出るけれど、病気ではありません。成長とともに起こる体のはたらきです。

❻ 経血がすべて出て生理期間が終わる

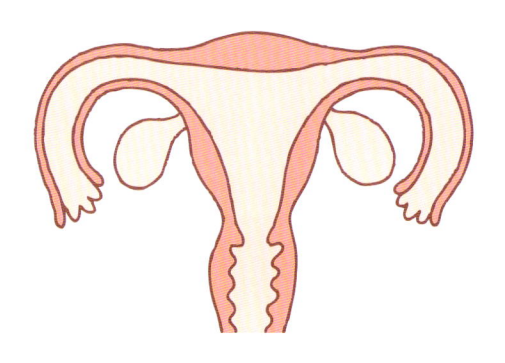

胎児は子宮で育つ

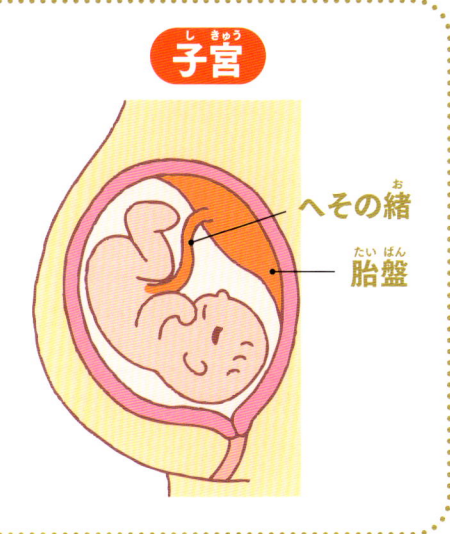

子宮

胎児（おなかの中の赤ちゃん）が育つ場所を子宮といいます。ふだんは、ニワトリの卵くらいの大きさですが、妊娠中は胎児が成長するにつれ、子宮もどんどん大きくなります。胎児は子宮の中で、へその緒（へそにつながっている管）と胎盤を通じて、必要な栄養や酸素をお母さんからもらいます。また、そこから、いらないものをお母さんの血液にわたす役割もしています。

へその緒
胎盤

3 卵子が卵管に吸いこまれる

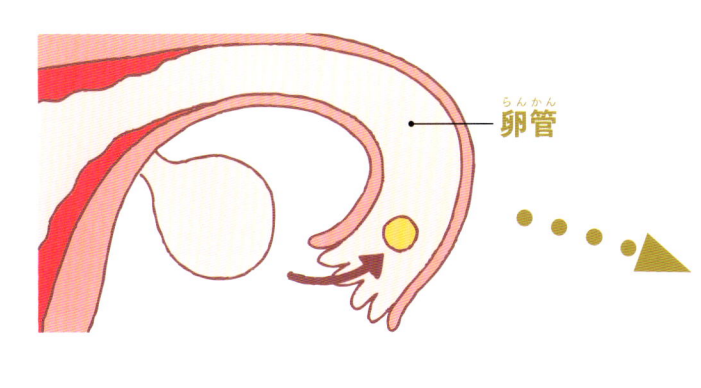

卵管

（25〜38日）くらい

4 子宮内膜が
さらに厚くなる

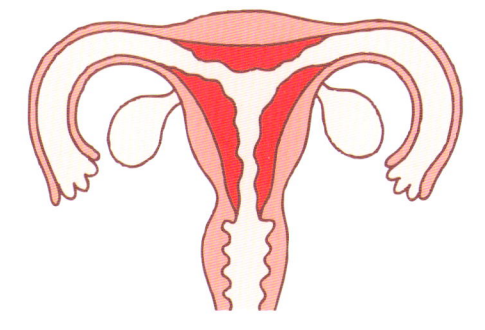

生理期間に入る。
期間は個人差があるが、3〜7日間ほど。

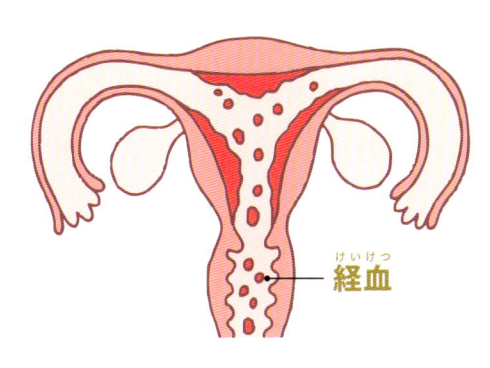

経血

5 子宮内膜がはがれて血液といっしょに出ていく（経血）

生理期間に起こる体と心の変化

生理は病気ではありませんが、生理期間中や生理前は、体調が悪くなることもあります。生理前に起こる体や心の不調のことをPMS（月経前症候群）といいます。

★体の不調

生理期間中は経血を体の外に出すために、子宮がギュッと縮みます。そのため、おなかが痛くなったり、頭痛やげりを起こしたり、食欲がなくなったりすることがあります。また、昼間でもねむくなったり、胸がはって痛んだり、体がむくんだりすることもあります。

症状の種類や強さは一人ひとりちがいます。つらいときは痛み止めの薬などでやわらげることもできます。

めまいがする

ねむい

いつもより食べてしまう

だるい

ニキビが出る

胸がはる

べんぴになる

頭が痛い

腰が痛い

げりになる

食欲がなくなる

おなかが痛い

体がむくむ

※ここで取り上げたのは一例で、このような症状が出ない人がいたり別の症状だったりする人もいます。

★ 心の不調

生理期間中や生理前10日間ほどはホルモンの影響で不安やイライラなど、心の不調が現れることもあります。いつもおだやかなのに怒りっぽくなったり、ささいなことで涙が出たりする人もいます。

イライラ

泣きたくなる

不安になる

生理用品のいろいろ

生理のときは、生理用品を使います。生理用品がないと、経血が下着や服に流れ出てしまいます。生理用品にはいくつか種類があり、体の外に出てくる経血を吸収するタイプと、腟の中に入れて経血を出てこないようにするタイプがあります。腟の中に入れるタイプを使うと、プールなどに入ることもできます。自分の体に合ったものや、そのときに便利なものを選んで使います。

ナプキン

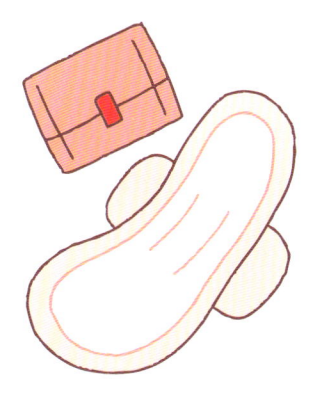

下着（ショーツ）に着けて使います。経血を吸収し、昼間は2～3時間ごとに新しいものに交換します。

タンポン

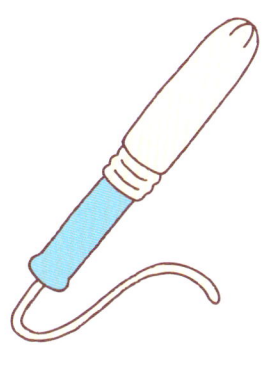

腟に入れて使います。ナプキンより多くの経血を吸収し、8時間以内に新しいものに交換します。

月経カップ

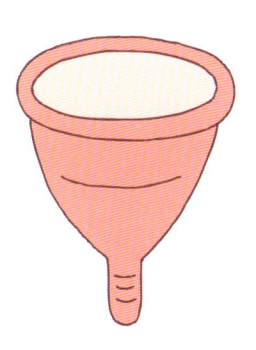

腟に入れて使います。経血はカップの中にたまります。タンポンよりも多くの経血をためられ、8時間以内に取り出します。

性差別について考えよう

　性別を理由に、相手を傷つけることを言ったり、仲間はずれにしたり、権利を認めなかったりすることを「性差別」といいます。たとえば日本では、今よりも女性が外ではたらきにくい時代がありました。また、女性が自分の財産をもつことや選挙に行くことが認められない時代もありました。男性と女性は、不平等だったのです。

　昔と比べて、女性の権利は男性に近づいてきています。女性が力を合わせ、少しずつ差別をなくしてきたからです。しかし、私たちが暮らす社会の中にはまだまだ不平等は残っています。

　男女平等でないことで、男性が困ることもあります。たとえば、男性から女性への暴力は許されないのに、女性から男性への暴力は軽く見られがちです。また、男性は育児をしないものとして、男性用トイレに子どものおむつを替えるための台が備わっていないこともあります。

★男性が優遇されている?

　世界的に見ても、日本は女性と男性との間の不平等が大きいといわれています。たとえば、女性は男性の約70％程度しか賃金をもらっておらず、女性は家事や育児を男性の4倍の時間やっています。衆議院議員の中で女性がしめる割合は約10％、裁判官は約20％です。

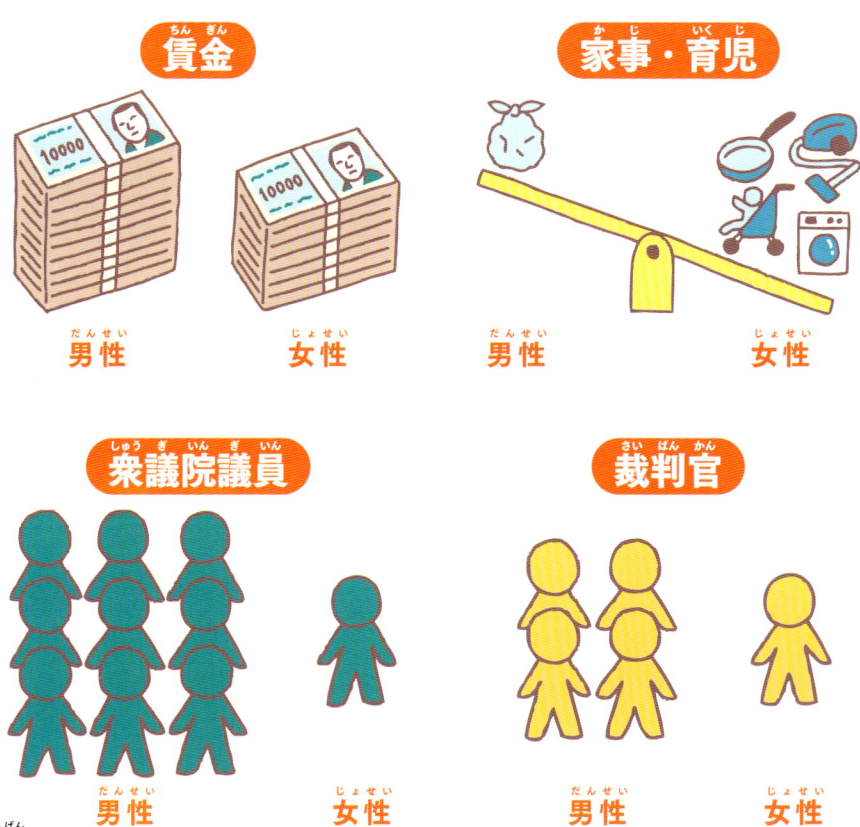

賃金　男性　女性

家事・育児　男性　女性

衆議院議員　男性　女性

裁判官　男性　女性

参考資料：男女共同参画白書 令和5年版

★身のまわりの差別について考えよう

「差別」は身のまわりのいろいろなところにあります。子育ては女性がするもの、男性のほうがリーダーに向いている、といった考え方で、学校の行事があったり、男性がより会社で活やくしていたりしませんか？　性差別には女性差別だけではなく、セクシュアルマイノリティの人への差別もあります。また、性差別以外にも障害がある人、外国にルーツがある人、日本国内の少数民族の人に対してなど、さまざまな差別があります。

差別に気づいたら、自分のことではなくても、声を上げる勇気が必要です。差別されている人ではない、まわりの人が声を上げることは大きな力になります。差別をなくすのは簡単なことではありませんが、一人ひとりが自分の問題として考え、差別のない社会にしていきたいですね。

こんな差別はないかな？

子どもが病気のとき、看病したり、仕事を休んだりするのは母親

「女の子なのに、足が速いんだね」「男の子なのに、かわいいものが好きなんだね」と言ってしまう

「ハーフだからかっこいい（かわいい）」など、外国にルーツがある子を特別扱いする

流ちょうでない、カタコトの日本語をまねしたり、ばかにしたりする

子どものための情報箱

　この本で紹介している「性」の知識はほんの一部です。体や心の発達は一人ひとりちがうので、知りたいことや悩みも一人ひとりちがうと思います。

　ここでは、もっとくわしく知りたい人や、困りごとがある人にとって、役立つ本やインターネットのサイト、相談先を紹介します（情報は2024年11月末現在のものです）。

★だれかに相談したいとき

24時間子供SOSダイヤル
いつでも電話で相談できます。
電話：**0120-0-78310**（24時間OK・通話無料・年中無休）
https://www.mext.go.jp/ijime/detail/dial.htm

チャイルドライン®
18歳までの子どものための相談窓口です。
電話：**0120-99-7777**（午後4時〜午後9時・通話無料・12月29日〜1月3日は休み）
https://childline.or.jp　＊チャットでも相談できます。

こどもの人権110番
子どもについての悩みを、子どもも大人も相談できます。法務局につながります。
電話：**0120-007-110**（月〜金曜日 午前8時30分〜午後5時15分・通話無料）
https://www.moj.go.jp/JINKEN/jinken112.html　＊メールやLINEでも相談できます。

よりそいホットライン
だれでも相談できます。外国語での相談もできます。
電話：**0120-279-338**（24時間OK・通話無料）
電話：**0120-279-226**（岩手県、宮城県、福島県の方はこちらへ）
https://www.since2011.net/yorisoi/　＊FAX、チャットやSNSでも相談できます。

★性についてもっと知るための本

10歳からのカラダ・性・ココロのいろいろブック　変わるカラダのいろいろ編
◯著 アクロストン　◯ほるぷ出版

体がどんどん変わる思春期には、悩む人がたくさんいます。一人ひとりの顔や体がちがうように、一人ひとりの悩みもちがいます。そんな疑問や不安に答える内容です。

10歳からのカラダ・性・ココロのいろいろブック　性とココロのいろいろ編
◯著 アクロストン　◯ほるぷ出版

思春期は、体の変化とともに、心にいろいろな気持ちが生まれてきます。好きという気持ちのこと、セックスや避妊のこと、ＬＧＢＴＱ＋のことなど、いろいろな話がつめこまれています。

知ってる？　ＬＧＢＴの友だち　マンガ レインボーKids
◯監修 金子由美子　◯マンガ 手丸かのこ　◯子どもの未来社

中学生が主人公のマンガです。自分の性別のこと、恋愛のこと、体のこと、親子関係などがテーマです。他人への相談の仕方のヒントも。

「ふつう」ってなんだ？　ＬＧＢＴについて知る本
◯監修 特定非営利活動法人ReBit　◯マンガ 殿ヶ谷美由記　◯Gakken

いろいろな性のあり方について、ていねいに解説しています。日常や学校での事例や、当事者インタビュー、社会の取り組みについての情報がいっぱいです。

★性についてもっと知るためのサイト

AMAZE
アメリカ発の性教育アニメの日本語版
https://amaze.org/jp/nihongo/

セイシル
10代の性のモヤモヤに答える
https://seicil.com

10代のためのサイト Mex
相談窓口や居場所の紹介
https://me-x.jp

にじーず
LGBT（かも含む）の子どもの居場所を紹介
https://24zzz-lgbt.com/

★ 先生・保護者の方へ

　性教育は従来、二次性徴、生理、射精といった体の変化や現象、そして妊娠にかかわることを学ぶものとされてきました。しかし今は、性教育は包括的性教育といって、体や性、まわりの人や社会とのかかわり方についてなどのさまざまな知識を学び、それを自分の権利としていくものとなっています。

　従来の性教育の部分はハードルが高いかもしれませんが、包括的性教育の部分の、人とのかかわり方や自分の体について知っていくことについては、すでに多くの学校や家庭でも「性教育」と意識せずにやっていることと思います。まずはあまり気構えずに、大人が包括的性教育について知り、子どもといっしょに性について学んだり、話したりしてみてください。

★ 参考図書

思春期の性と恋愛
子どもたちの頭の中がこんなことになってるなんて！

◉著 アクロストン　◉主婦の友社

思春期の子どもの保護者が知っておきたい性の知識や家庭での性教育が学べる本。

改訂 性の"幸せ"ガイド
若者たちのリアルストーリー

◉著 関口久志
◉エイデル研究所

性教育について知りたい人が、まず読むのに最適。豊富な実践例と科学的根拠が満載。

ジェンダーについて大学生が真剣に考えてみた
──あなたがあなたらしくいられるための29問

◉監修 佐藤文香　◉著 一橋大学社会学部佐藤文香ゼミ生一同　◉明石書店

「ジェンダー研究のゼミに所属している」学生たちによる真摯で誠実なQ&A集。

性別に違和感がある子どもたち
トランスジェンダー・SOGI・性の多様性

◉編著 康純　◉合同出版

専門家の医師により、基本的な知識と、家庭や学校での具体的な話が書かれている。

ボーイズ　男の子はなぜ「男らしく」育つのか

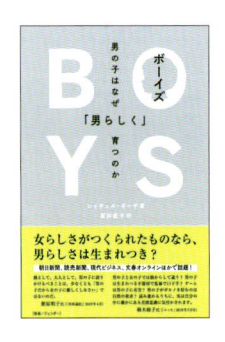

◉著 レイチェル・ギーザ
◉DU BOOKS

「男らしさ」はどう押しつけられ何が問題なのか、科学的根拠を基に書かれている。

トランスジェンダー入門

◉著 周司あきら、高井ゆと里
◉集英社新書

基本的な知識や社会、医療、法律など、全体像を知ることができる新書。

●さくいん

● 監修 **アクロストン**

2人の医師による性教育コンテンツ制作ユニット。2人は妻、夫の関係で、中学生の子ども2人とともに暮らす。小中学校での授業や、自治体主催の講演会·ワークショップ、家庭ではじめられる性教育のヒントや性に関する社会問題についての執筆、SNS等での発信、web·雑誌記事の監修を行っている。

アクロストンオフィシャルサイト　https://acrosstone.jimdofree.com

● マンガ

サキザキナリ

● イラスト

サキザキナリ（表紙、P.1、2、7、8-16、20、22、24、25、27）

ひらのあすみ（P.6、17、21-23、25、26）

PIXTA（P.21）

● デザイン

小沼早苗（Gibbon）

● 執筆

鈴木麻由美（こんぺいとぷらねっと）

● 編集

上井美穂（こんぺいとぷらねっと）

一人ひとり、みんなちがう！

男子のからだとこころ相談室

❷ 自分の「こころ」と相手の「こころ」

2025年1月　初版第1刷発行

● 監　修　アクロストン
● 発行者　三谷　光
● 発行所　株式会社汐文社
　　　　　〒102-0071　東京都千代田区富士見1-6-1
　　　　　TEL:03-6862-5200｜FAX:03-6862-5202
　　　　　https://www.choubunsha.com
● 印　刷　新星社西川印刷株式会社
● 製　本　東京美術紙工協業組合

乱丁・落丁本はお取り替えいたします。
ご意見・ご感想はread@choubunsha.comまでお寄せください。
ISBN　978-4-8113-3160-7　NDC367